Reinhold Müller

Singen, spielen, musizieren

Stundenbilder für den Musikunterricht

Jahrgangsstufe 1/2

Verlag Ludwig Auer Donauwörth

Gedruckt auf umweltbewußt gefertigtem, chlorfrei gebleichtem und alterungsbeständigem Papier.

3. Auflage. 1995

Titelbild: Franz Lutz
Illustration: Ursula Lassert
Gesamtherstellung: Ludwig Auer GmbH, Donauwörth
ISBN 3-403-0**2077**-0

Inhaltsübersicht und Stoffverteilungsplan

Monat	Liedtitel	Seite
September	Eisenbahn, fahre nicht so schnell davon	5
	Spannenlanger Hansel	8
Oktober	Sausewind, Brausewind	12
	Es pfeift der Wind und heult dazu	15
November	In Mutters Stübele	19
	Adventskranz	22
Dezember	Alle Jahre wieder kommt das Christuskind	24
	Uns wird erzählt von Jesus Christ	28
Januar	Pille, palle, polle, im Himmel sitzt Frau Holle	32
	Ist die schwarze Köchin da?	35
Februar	Brunnenfrau, zieh mich in den Brunnen	38
	Ich bin der Zaub'rer Zitzeblitz	42
März	Ach Sonnenschein, mein lieber	46
	Räbete, räbete, pläm, pläm, pläm	49
April	Kuckuck, sag mir doch	52
	Kneck, knack, schlaf, du kleiner Dudelsack	55
Mai	Hans, der kommt des Wegs daher	58
	Guten Tag, ihr schönen Damen	62
Juni	Es regnet, es tröpfelt schon im Faß	65
	Wenn Kater Murr spazieren geht	68
Juli	Wer will fleißige Handwerker sehn	71
	Tante Trude Trippelstein	74

Hinweise für den Gebrauch

Die vorliegenden Stundenbilder sollen nicht als streng nachzuvollziehende Unterrichtseinheiten verstanden werden, sondern als Möglichkeiten einer lebendigen, eigentätigen Musikerziehung, als Anregung für das eigene Schaffen und Gestalten.
Alle Begleitmodelle sind von sehr einfacher Art; erweisen sie sich jedoch für eine Klasse als zu schwer, so sollten sie ohne Bedenken nochmals vereinfacht werden. Die Kinder müssen die Gesamtgestaltung schaffen können, sie müssen am Ende zum Erfolg kommen.
Die Stundenbilder sind für beide Jahrgangsstufen geeignet. Die jahreszeitliche Auswahl bietet für jede Jahrgangsstufe pro Monat eine Unterrichtseinheit; weitere Lieder und Themen können nach eigener Wahl in ähnlicher Weise gestaltet werden.
Die Erarbeitung der Liedbegleitungen muß immer mit der ganzen Klasse geschehen, zunächst mit den „angewachsenen Instrumenten" (Klatschen, Patschen, Stampfen, Schnalzen), dann mit den Orff-Instrumenten. In jeder Schule sollte ein Klassensatz von Stabspielen (Glockenspiele, Xylophone, Metallophone) vorhanden sein; sonst ist ein Musikunterricht, der die Freude am eigenen Tun fördert, nicht möglich. Selbstverständlich können auch andere Instrumente verwendet werden, wenn sie von den Kindern angeboten werden. Die Blockflöten lassen sich immer einbeziehen.
Die Begleitungen für Orff-Instrumente werden nicht nach Noten gespielt, sie werden mit Handzeichen geübt, dann auswendig nach Gehör eingebaut. Längere Begleitungen können auf mehrere Spieler verteilt werden. Bei der Erarbeitung einer Begleitung sollte jedes Kind ein Instrument für sich haben. Wenn das Lied jedoch gesungen und begleitet wird, sollte man darauf achten, daß die Instrumentalbesetzung durchsichtig und dezent bleibt; wenige Instrumente vermeiden einen unschönen Klangbrei.
Die Stundenbilder weisen immer wieder darauf hin, daß die Erarbeitung einer Liedmelodie keinesfalls durch ermüdendes Vor- und Nachsingen erfolgen soll, sondern möglichst so, daß die Kinder die Melodie durch häufiges Hören lernen, während sie selbst mit Begleit- und Bewegungsaufgaben beschäftigt sind. Zu diesem Zweck muß der Lehrer während der Musikstunde selbst viel singen. Das Singen des Lehrers sollte stimmtechnisch vorbildlich sein, denn die Kinder übernehmen unbewußt das stimmliche Vorbild. Wer stimmlich nicht begabt ist, kann sich auch mit einer gut besungenen Kassette helfen. Erfahrungsgemäß gelingt die Melodieerarbeitung mit der Klasse am konzentriertesten, wenn die Kinder Melodie und Text über den Tageslichtprojektor direkt vor sich haben. Stimmbildung in der Grundschule ist besonders wichtig, sie sollte deshalb nicht vernachlässigt werden. Sie darf nicht isoliert erscheinen, sondern muß spielerisch in das Singen eingebaut werden und am Lied orientiert sein. Aus vielerei Gründen sind viele Kinderstimmen nicht „klingfähig"; daher muß der Musikunterricht auf Lockerung der Stimmen, auf gesunde Atemführung und auf behutsame Resonanzschulung besonderen Wert legen.

Eisenbahn, fahre nicht so schnell davon

Materialien für den Unterricht:

Modelldampflokomotive, Triangel oder Glocke, Schellenrasseln, Trillerpfeife.

1. Aktivierungsphase

Vor den Kindern wird eine Modelldampflok aufgestellt.

Kurzes Gespräch über das Modell, über eine Dampflok.

2. Orientierungsphase

L: Wir versuchen heute die Geräusche einer Dampflokomotive und eines Zuges nachzuahmen. Dann singen wir auch ein Lied von der Eisenbahn.

3. Konfrontationsphase

S: Geräuschvorschläge
Die Lokomotive fährt an.

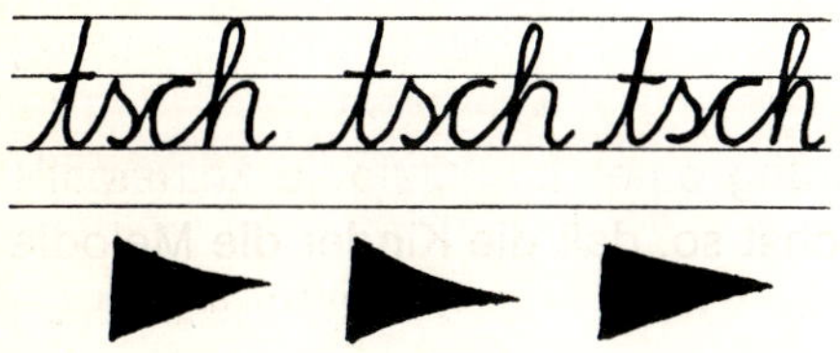

Die Lokomotive pfeift.

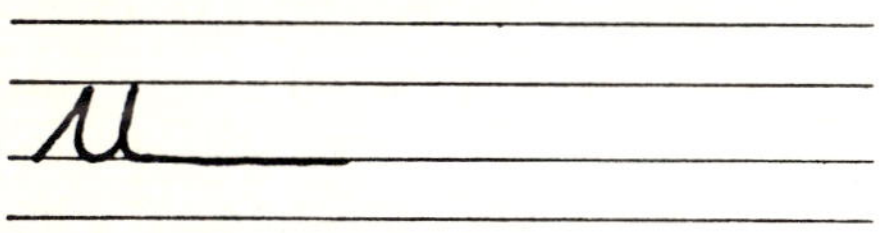

Die Lokomotive läutet.

Die Vorschläge der Kinder werden notiert und mit graphischen Zeichen verdeutlicht.

Der Zug zieht langsam an, wird schneller und hält dann sein Tempo.

L: Vorsingen des Liedes

Das Zischgeräusch der Lokomotive wird durch Schellenrasseln verstärkt.
Ein Kind darf den Pfeifton nachahmen, ein Kind die Glocke. Der Zug fährt weg, wird immer leiser, verschwindet ganz.

4. Kontaktphase

Folie mit Text und Melodie auflegen

tsch-tsch...

a) Rhythmisches Sprechen des Textes
b) Rhythmisches Sprechen und gleichzeitiges rhythmisches Klatschen
c) Eine Gruppe spricht den Text rhythmisch, eine zweite Gruppe stellt das Stampfen der Lokomotive dazu dar.
d) Wir singen die Melodie.
Wir singen die Melodie, denken dabei aber an die Signalglocke der Lokomotive.

Stimmbildung am Lied

dim,dim,dim,
büm,büm,büm,
bong,
büng,
dim,dim,büm, dim,dim,büm, dim,dim ...

Eine Gruppe ahmt die Zuggeräusche nach, eine andere Gruppe singt mit den Stimmbildungssilben.

5. Lösungsphase

Trillerpfeifensignal – der Zug fährt an – er erreicht das Tempo des Liedes – die Geräusche werden leise – wir singen – der Zug aus Kindern bewegt sich rhythmisch im Kreis

Die Klasse wird in Gruppen geteilt

– Singgruppe
– Geräuschgruppe
– Bewegungsgruppe

Die Geräuschgruppe beginnt, wird immer leiser und begleitet so das Singen. Jeweils am Endes des Liedes hält der Zug und nimmt ein Kind mit. Unser Spiel endet, wenn alle Kinder der Bewegungsgruppe im Zug sind. Ein Wechsel der Gruppen kann dann erfolgen.

Eisenbahn

Mündlich überliefertes Kinderlied.

Spannenlanger Hansel

Materialien für den Unterricht:

Handtrommeln, Schlagstäbe, Baß-Metallophon, Baß-Xylophon, Xylophone, Glockenspiele.

1. Aktivierungsphase

Auf einer Folie sind ein großer Mann und eine kleine Frau zu sehen.

L: Wenn diese beiden Personen gehen, hört man einen Unterschied. Wir hören den großen Mann gehen.

Handtrommel

Schlagstäbe

Wir hören die kleine Frau gehen.

Die Schritte der kleinen Frau sind schneller als die des großen Mannes.

2. Orientierungsphase

L: Wir singen heute zusammen ein Lied, in dem die beiden unterschiedlichen Personen vorkommen. Wenn ich euch das Lied vorsinge, dürft ihr mich begleiten.

3. Konfrontationsphase

L: Vorsingen des Liedes mit beiden Strophen

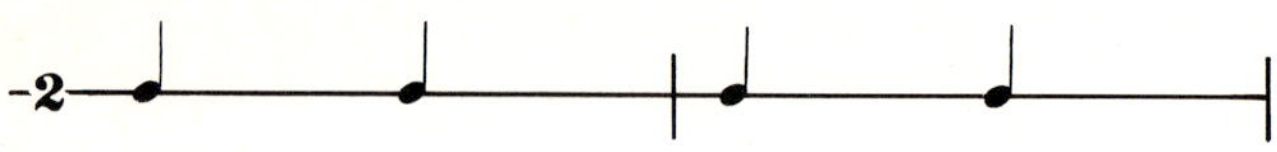

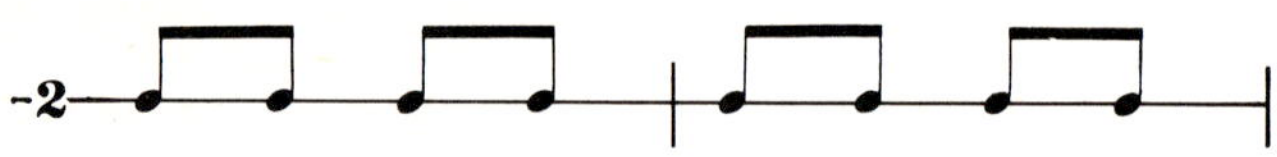

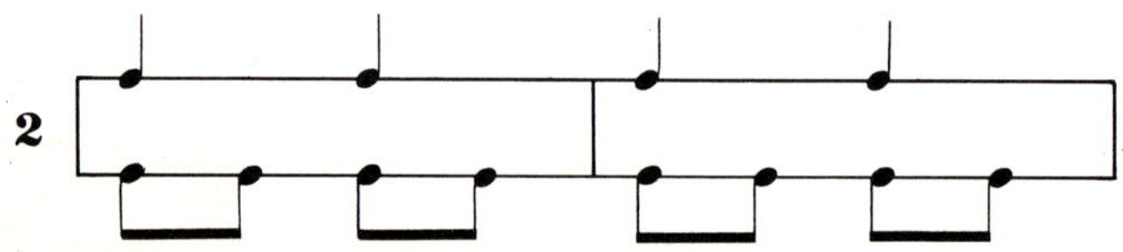

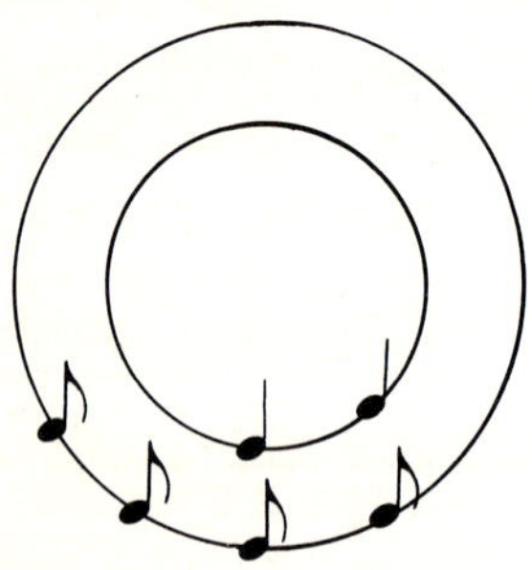

Die Kinder begleiten das Vorsingen:

- Die Kinder klatschen den Takt (Handtrommeln), Schritte des Mannes.
- Die Kinder klatschen die Achtelnoten (Schlagstäbe), Schritte der Frau.
- Die Kinder begleiten in zwei Gruppen mit Handtrommeln und Schlagstäben.

Die Kinder bewegen sich zum Vorsingen:

- Alle Kinder bewegen sich auf Viertelnoten im Kreis.
- Alle Kinder hüpfen auf Achtelnoten im Kreis.
- Die Kinder bewegen sich in zwei Gruppen auf zwei Kreisen.

Gemeinsames Singen des Liedes

Durch das oftmalige Vorsingen können die Kinder die Melodie.

4. Kontaktphase

Stimmbildung am Lied

tap, tap
tip, tip
tüp, tüp

wom, wom
wüm, wüm
wöm, wöm
nan, nan

Wir stellen uns die kleinen Schritte der nudeldicken Dirn vor.
Wir achten auf die Lockerung der Sprechwerkzeuge, besonders auf die Lockerung des Unterkiefers.
Nun denken wir an die Schritte des spannenlangen Hansels.
Hier achten wir auf die Verbesserung der Resonanz durch das klingende m und n. Beim m dürfen die Lippen nicht aufeinander gepreßt werden.

Instrumentalbegleitung

Zur Instrumentalbegleitung bilden wir Gruppen, die je einen harmonischen Baustein spielen.
Ausführung mit Baß-Metallophon und Baß-Xylophon.

Baustein A

A

Baustein B

A

Zur harmonischen Grundlage fügen wir nun noch eine durchlaufende Begleitung mit Xylophonen an.

5. Lösungsphase

Die Kinder singen, spielen Instrumente und bewegen sich.

Die Klasse wird in Gruppen aufgeteilt. Ein kleines Vorspiel leitet unser Lied ein, wir singen, eine Gruppe spielt die Instrumente, zwei Kinder stellen den Hansel und die Dirn dar.

Vorspiel
Glockenspiel

Liedbegleitung

Spannenlanger Hansel

Mündlich überliefertes Kinderlied.

Sausewind, Brausewind

Materialien für den Unterricht:

Fingerzimbeln, Triangel, Bambusraspel, Schlagstäbe, Glockenspiele, Xylophone.

1. Aktivierungsphase

Die Kinder sehen ein Bild vom Sturm und einem Storchennest.

Wir sprechen über die Stürme im Herbst; rechtzeitig vor dem Beginn des schlechten Wetters fliegen die Störche fort.

2. Orientierungsphase

L: Wir lernen heute ein Lied vom Sturm im Herbst; wir hören, was er alles kann.

3. Konfrontationsphase

Die Kinder sehen Bilder von den Auswirkungen des Sturmes. Der Sturm kann Bäume biegen, er schüttelt die Blätter von den Bäumen, er kann schlechtes, regnerisches Wetter bringen.

L: Auf den Bildern seht ihr, was der Sturm alles kann.

L: Vorsingen des Liedes

L: Wir versuchen jetzt, mit Instrumenten darzustellen, was der Sturm bewirkt.

Die Bäume biegen sich (Bambusraspel).
Die Blätter fallen (Xyl./Gl).
Schlechtes Wetter (Schlagstäbe stellen prasselnden Regen dar).

L: Wenn wir mit dem Sturm fliegen, sind wir ganz leicht. Dies stellen wir mit Fingerzimbeln und einem Triangel dar.

L: Vorsingen des Liedes
Die Folie mit Text und Melodie liegt jetzt auf.

Bei den entsprechenden Textstellen improvisieren Kinder mit den vorgegebenen Instrumenten, so daß die Auswirkungen des Sturmes während des Liedes hörbar werden. In verschiedenen Gruppen müssen die Kinder beteiligt werden.
Konzentrationsübung:
Einsetzen an der richtigen Stelle des Textes.

Während des Vorsingens, das von einer improvisierenden Kindergruppe begleitet wird, lernen die Kinder die Melodie, die nun gemeinsam gesungen werden kann.

4. Kontaktphase

Zur Melodie spielen wir eine sehr einfache Ostinatobegleitung mit Glockenspielen und Xylophonen. Dazu nehmen wir noch Geräusche der menschlichen Stimme.

5. Lösungsphase

Kleines Vorspiel

Wir singen das Lied mit der gelernten Begleitung. Vor das Lied setzen wir noch ein kleines Vorspiel mit den Glockenspielen und den Geräuschstimmen.

Sausewind, Brausewind

Text und Melodie: Hans Poser. Aus: Liselotte Rockel „Das zweite Liedernest", © Fidula Verlag, Boppard

Es pfeift der Wind und heult dazu

Materialien für den Unterricht:

Glockenspiele, Xylophone, Metallophone, Schlagstäbe.

1. Aktivierungsphase

Die Kinder betrachten ein Bild vom Wind.

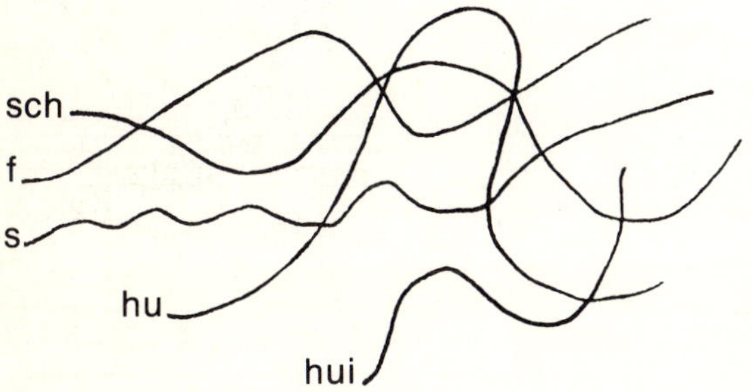

L: Wir überlegen zusammen, welche Geräusche der Wind erzeugen kann.

2. Orientierungsphase

L: In dem Lied, das wir heute zusammen lernen, hören wir einige dieser Geräusche. Wenn ich euch das Lied vorsinge, dürft ihr bei diesen Geräuschen gleich die Instrumente einsetzen.

3. Konfrontationsphase

Die Kinder sehen auf der Folie mit dem Lied die Stellen, bei denen der Wind heult.

L: Vorsingen der Stellen, bei denen das Heulen zu hören ist.
Eine Kindergruppe spielt auf hohen Stabspielen das erste Heulen, eine zweite Gruppe spielt auf tiefen Stabspielen das zweite Heulen.

L: Vorsingen des Liedes

Die Kinder versuchen beim zweiten Vorsingen des Liedes an den richtigen Stellen mit den Stabspielen einzusetzen. Hierbei wird die Konzentration geschult, außerdem hören die Kinder die Melodie oft.

erstes Heulen

zweites Heulen

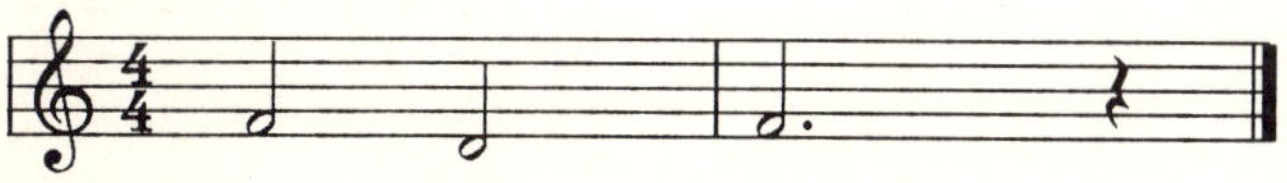

Rhythmisches Sprechen des Textes Teil A (Takt 1–8)

Rhythmische Erarbeitung des Teiles B (Takt 9–12)

Wenn das rhythmische Sprechen gelingt, spielen einige Kinder wieder das Heulen des Windes dazu.
L: Stellt euch jemand vor, der durch die Straßen tappt. Sein Tempo ist durch die Windstöße wechselhaft.

Langsames Tempo

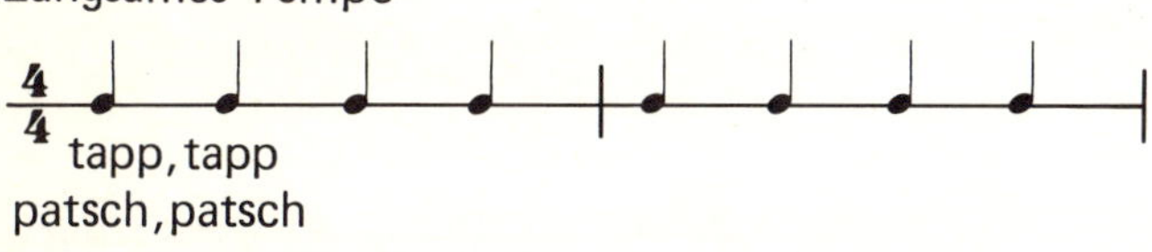

Schnelles Tempo

Schulung der Artikulation

Wechselndes Tempo

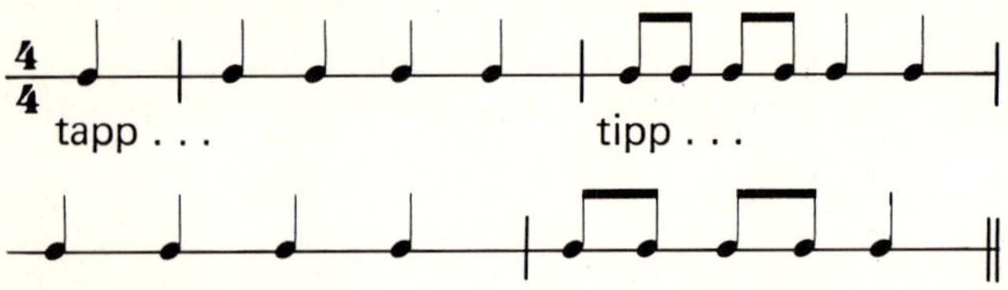

Wir unterstützen das Sprechen der Silben mit Schlagstäben.
Wir sprechen den Teil B mit Text und begleiten mit den Schlagstäben.

4. Kontaktphase

Singen des Liedes durch den Lehrer, die Kinder begleiten mit den Instrumenten.
Die Kinder singen die Melodie.

Einige Kinder begleiten. Ein häufiger Wechsel der Gruppen ist wichtig.

5. Lösungsphase

Ausgestaltung zu einem kleinen Spiel mit Geräuschen.

Als Vorbereitung der Zuhörer auf unser Lied vom Wind gestalten wir mit den Geräuschen des Windes ein kleines Vor-, Zwischen- und Nachspiel.
Als Grundlage dient uns der Rhythmus des Teiles B. Über ihm improvisieren die Kinder mit den Geräuschlauten vom Anfang der Stunde.

Es pfeift der Wind

Text: Christel Klotz. Melodie: Liselotte Rockel. Aus: Liselotte Rockel „Das zweite Liedernest“, © Fidula Verlag, Boppard

In Mutters Stübele

Materialien für den Unterricht:

Baß-Metallophon, Baß-Xylophon, Xylophone, Glockenspiele, Holzblocktrommel, Handtrommel, Becken, Zimbel, Triangel.

1. Aktivierungsphase

Zwei Bilder zum Märchen Hänsel und Gretel

Die Kinder sollen durch die Bilder das Märchen erkennen. Wir sprechen über die beiden Kinder, besonders über den Grund ihres Zusammentreffens mit der Hexe: Armut der Eltern.
L: Auch heute gibt es viele Länder auf der Erde, wo die Kinder hungern. Bei uns gab es früher auch große Armut und bettelnde Kinder.

2. Orientierungsphase

Wir lernen heute ein Lied, in dem wir von armen Kindern hören. Sie bereiten sich vor, zum Betteln zu gehen.

3. Konfrontationsphase

L: Vorsingen des ganzen Liedes

Die Kinder bekommen einen Eindruck von der Armut.

Harmonischer Klanggrund zur Melodie

Alle Kinder begleiten mit Stabspielen das Singen des Lehrers.

Die Kinder erfahren durch Handzeichen den harmonischen Wechsel (linke Hand: f, rechte Hand: c). Während des Begleitens lernen die Kinder die Melodie.

Die Klasse singt das Lied.

Zwei Kinder begleiten mit Baß-Xylophon und Baß-Metallophon.

4. Kontaktphase

Wir überlegen zusammen, was wir bei den Strophen mit Instrumenten hörbar machen können.

Strophe 1 und 2:
Der Wind: Glissando auf Glockenspielen
Strophe 3: Das Gehen: Holzblocktrommeln

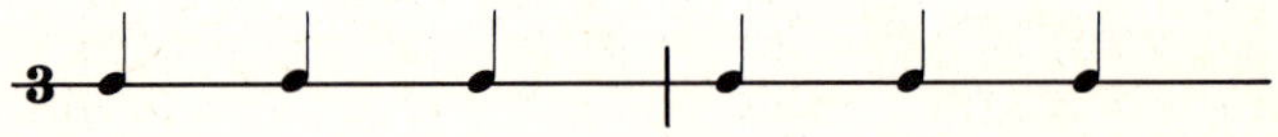

Strophe 4: Bettelsack und Korb: Handtrommel und Holzblocktrommel

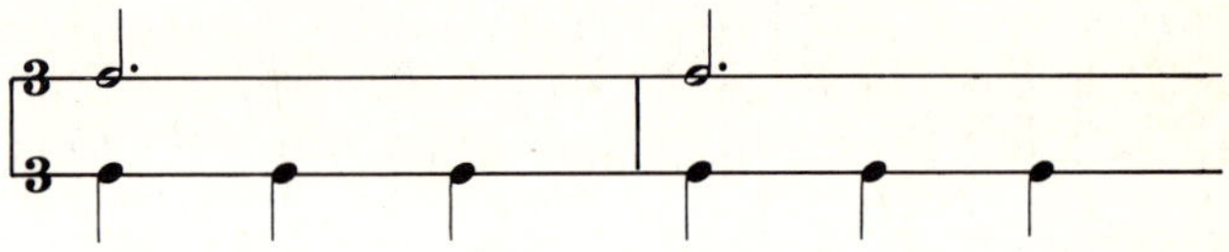

Strophe 5: Das Herrenhaus: Schwebendes Becken

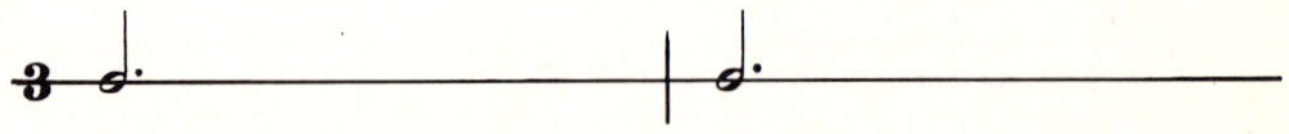

Strophe 6: Apfel und Birne: Zimbel und Triangel

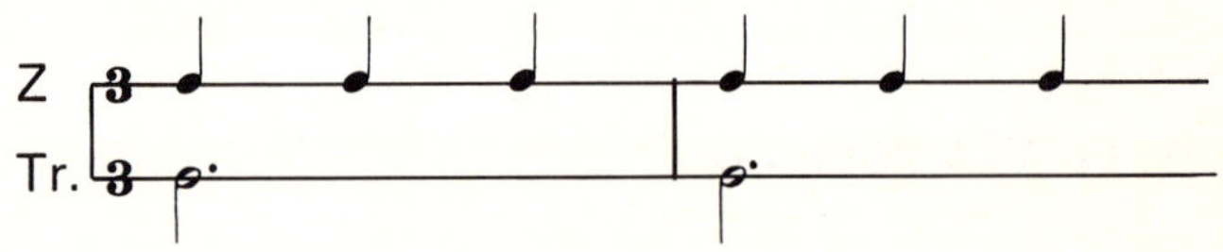

5. Lösungsphase

Das Lied wird über dem harmonischen Grundklang mit Einsatz der oben erarbeiteten Verdeutlichungen gesungen.

Nach der 7. Strophe spielen die Kinder (zwei) den harmonischen Grundklang noch einmal; dazu spielen die Holzblocktrommeln die Schritte der Kinder, die immer leiser werden und verklingen.

In Mutters Stübele

2. Muß fast erfrieren drin vor lauter – Wind.
3. Wir wollen betteln gehn, es sind uns – zwei.
4. Du nimmst den Bettelsack und ich den – Korb.
5. Ich geh' vors Herrenhaus und du vors – Tor.
6. Ich krieg' ein Apfele und du ein' – Birn.
7. Du sagst „Vergelt es Gott" und ich sag- – „Dank".

Kinderlied aus dem Breisgau.

Adventskranz

Materialien für den Unterricht:

Adventskranz im Klassenzimmer, Glockenspiele, Xylophone, Metallophone, Zimbel.

1. Aktivierungsphase

Der Adventskranz im Klassenzimmer

L: Wir betrachten den Adventskranz und sprechen über seine wichtigen Bestandteile: grüne Zweige, vier Kerzen.

2. Orientierungsphase

Unser neues Lied erzählt vom Adventskranz. Wir werden das Lied singen, mit Instrumenten begleiten und ein kleines Spiel von den vier Kerzen versuchen.

3. Konfrontationsphase

Vier Kinder stellen die vier Adventskerzen dar, die noch nicht brennen. Die vier Kinder sitzen im Kreis am Boden.

L: Wenn ich den Anfang des Liedes vorsinge, bewegen sich alle Kinder im Kreis um unsere vier „Kerzenkinder". Die Schritte werden beim Vorsingen vom Lehrer durch Klatschen angegeben.

Vorsingen der vier Strophen

Bei jeder Strophe steht ein „Kerzenkind" auf.
Zwischen den Strophen wird immer wieder der Liedteil A gesungen, bei dem die Klasse die „Kerzenkinder" umschreitet.
Bei diesem Spiel lernen die Kinder die Melodie.

Gemeinsames Singen des Liedes

4. Kontaktphase

Wir begleiten den Anfangsteil des Liedes mit einem Baß-Xylophon.

Die vier Strophen versehen wir mit einer einfachen Begleitung. Um die vier Kerzen darzustellen, wählen wir für jede Strophe andere Instrumente.

1. Str.: Glockenspiele
2. Str.: Xylophone
3. Str.: Metallophon
4. Str.: Glockenspiele und Xylophone

5. Lösungsphase

Drei Gruppen: „Kerzenkinder"
Chor
Instrumentalisten

Beim A-Teil des Liedes umschreiten die singenden Kinder die „Kerzenkinder"; diese stehen bei den entsprechenden Strophen auf. Das ganze Spiel wird von den Instrumenten begleitet.
An den Schluß setzen wir noch ein kleines Nachspiel mit Instrumenten.

Adventskranz

Text: Thea Werner. Melodie: Richard Rudolf Klein. Aus: R. R. Klein „Kinderlieder und Reime“, © Fidula Verlag, Boppard

Alle Jahre wieder kommt das Christuskind

Materialien für den Unterricht:

Glockenspiele, Xylophone, Baß-Metallophon, Zimbel.

1. Aktivierungsphase

Alle Kinder sitzen an einem Stabspiel. Wenn nicht ausreichend viele vorhanden sind, arbeiten wir in Gruppen.

L: Vorspielen
S: Nachspielen

L: Zur rhythmischen Schulung und zur Gehörbildung beginnen wir mit einem instrumentalen Echospiel.
Vorspiel eines Taktes aus der Liedbegleitung, die später gebraucht wird.
L: Wir brauchen für das erste Echospiel die Töne a und g.

2. Orientierungsphase

Wir lernen heute die Begleitung für ein Weihnachtslied, das wir später singen werden. Wir machen zuerst noch mehrere Spiele mit Tönen, die wir für die Begleitung brauchen.

3. Konfrontationsphase

Im Echospiel versuchen wir alle Teile der Begleitung.

a) Wir verwenden die Töne f und c.

b) Wir verwenden die Töne f, g und a.

c) Wir verwenden die Töne g und a.

d) Wir verwenden die Töne c, f, b.

Aufteilung der Klasse zum Begleiten des Liedes:
Glockenspiel Teil A: ein Kind.

B-Xyl. Teil A: ein Kind.

Glockenspiel Teil B: ein Kind.
Glockenspiel Teil C: ein Kind.

B-Met. Teil B: ein Kind.
B-Met. Teil C: ein Kind.

Der Lehrer singt das Lied, die Kinder begleiten ihn mit den Instrumenten.

Nach Möglichkeit die Begleitgruppen wechseln

4. Kontaktphase

Gehörbildungsübung:
Die Folie mit dem Lied wird aufgelegt.

Der Lehrer spielt auf einem Instrument die verschiedenen Melodiebausteine des Liedes vor, ein Kind zeigt die Bausteine an der Folie. Der Lehrer spielt den Baustein nochmals, die Kinder singen den Baustein.

1. Baustein

2. Baustein

3. Baustein

4. Baustein

Gemeinsames Singen des ganzen Liedes

Stimmbildungsübung:

L: Wenn das Christkind kommt, läuten überall die Glocken. Wir ahmen mit unseren Stimmen die Glokken nach.

Große Glocken und kleine Glocken:
böm, böm
bom, bom
bam, bam
büm, büm
bim, bim

Mit dieser Übung soll die Resonanz der Stimme entwickelt werden. Wichtig ist, darauf zu achten, daß die Kinder den Ton auf dem „m“ klingen lassen, ohne die Lippen aufeinanderzupressen; die Lippen dürfen nur sanft aufeinanderliegen, die Kinder sollen beim Singen ein Prickeln zwischen den Lippen spüren.

5. Lösungsphase

Kinder singen und Kinder begleiten mit den Instrumenten.

Nach Möglichkeit sollen alle Kinder mindestens einmal in der Singgruppe und einmal in der Instrumentalgruppe mitwirken können.
Damit sehr ungeschickte Kinder auch instrumental mitwirken können, setzen wir noch die Zimbel als Begleitinstrument ein.

Alle Jahre wieder

2. Kehrt mit seinem Segen
ein in jedes haus,
geht auf allen Wegen
mit uns ein und aus.

3. Ist auch mir zur Seite
still und unerkannt,
daß es treu mich leite
an der lieben Hand.

Text: Wilhelm Hey. Melodie: Ernst Anschütz.

Uns wird erzählt von Jesus Christ

Materialien für den Unterricht:

Sopran-Glockenspiele, Sopran-Xylophone, Alt- und Baß-Xylophone, Baß-Metallophon, Schellenkranz, Glockenkranz.

1. Aktivierungsphase

Die Kinder hören von einer Platte oder Kassette ein betont fröhliches Weihnachtslied. (Choraufnahme).

L: Wenn wir gut zuhören, können wir nachher etwas über die Menschen sagen, die hier singen. Kurze Aussprache: Die Menschen freuen sich, sind fröhlich.

2. Orientierungsphase

L: Wir lernen heute auch ein sehr fröhliches Weihnachtslied. Wir beginnen mit der Begleitung und einem kleinen Vorspiel zu diesem Lied.

3. Konfrontationsphase

Alle Kinder sollten an einem Stabspiel sitzen.

Modelle für die Begleitung durch Sopran-Glockenspiel und Sopran-Xylophon:

Durch Übung als Echospiel lernen die Kinder die verschiedenen Begleitmodelle. Wenn die Stabspiele nicht ausreichen, arbeiten wir in Gruppen.

Bei der Einübung durch Echospiel können alle Stabspiele verwendet werden.

Lehrer

Echo (Kinder)

Modelle für Alt/Baß-Xyl., und Baß-Met.:

Wir spielen die ganze Begleitung mit Vorspiel und Zwischenspiel.

Die Begleitung wird auf verschiedene Schüler(gruppen) verteilt, so daß sich jedes Kind nur ein vorher geübtes Modell merken muß.

Vorspiel (= Zwischenspiel) ↓

Liedbegleitung ↓

Lehrer singt alle fünf Strophen, Kinder spielen das Vorspiel und die Liedbegleitung.

Vorspiel und Liedbegleitung werden auf sechs Spieler (A–F) verteilt.

4. Kontaktphase

Die Kinder singen die Melodie mit den fünf Strophen.

Stimmbildungsübung:
dü, dü
dö, dö
ti, ti
pü, pü

Zur Förderung der Atemfederung singen wir das Lied mit Tonsilben, die uns an die Hirtenflöten erinnern.

5. Lösungsphase

Die Kinder singen und musizieren das Lied mit Vorspiel, fünf Strophen und jeweils dem Zwischenspiel.

Zur weiteren Ausgestaltung des Liedes, zur Verstärkung des fröhlichen Charakters, setzen wir bei den beiden wiederholten Schlußteilen des Liedes noch Schellen- und Glockenkranz ein.

Uns wird erzählt von Jesus Christ

2. ... daß er ganz arm gewordenist.
3. ... daß er uns Bruder worden ist.
4. ... daß er die Tür zum Vater ist.
5. ... daß er die Liebe Gottes ist.

Text und Melodie: Gerd Watkinson. Aus: Gerd Watkinson „111 Kinderlieder zur Bibel", © Christophorus-Verlag, Freiburg.

Pille, palle, polle, im Himmel sitzt Frau Holle

Materialien für den Unterricht:

Zimbel, Xylophone, Metallophone, schwebendes Becken mit weichem Schlägel.

1. Aktivierungsphase

Wenn es schneit, sprechen wir über die Entstehung der Schneeflocken.

L: Ihr kennt alle ein Märchen, das auch von der Entstehung der Schneeflocken erzählt.
Das Märchen von Frau Holle.
Kurzes Gespräch über das Märchen.

2. Orientierungsphase

Wir singen heute zusammen ein Lied, das uns erzählt, was geschieht, wenn Frau Holle ihre Betten ausschüttelt.

3. Konfrontationsphase

Die Kinder sollen zuerst überlegen, wie man das Fallen der Schneeflocken mit Instrumenten hörbar machen kann.

L: Ihr wißt alle, daß man Regentropfen gut hören kann, wenn sie fallen; Schneeflocken dagegen fallen ganz sanft, fast lautlos. Überlegt, mit welchen Instrumenten wir dieses sanfte Geräusch darstellen können.

Wir brauchen Instrumente, die sanft klingen: Xylophone, Metallophone, Zimbeln, schwebende Bekken. Wir verwenden weiche Schlägel.
Wir schlagen die Instrumente leise an.

Bei den Stabspielen verwenden wir nur den Tonvorrat f und c.
Die Kinder stellen mit leisen Schlägen auf den genannten Instrumenten das Fallen der Schneeflokken dar.

Ostinato als Grundlage für die Improvisation der fallenden Flocken

Ein Kind spielt leise das Ostinato, die anderen Kinder stellen die Schneeflocken dar.
Zu dieser Begleitung wird das Lied vorgesungen.
Wechsel der Begleitgruppen

Wir singen das Lied gemeinsam.

4. Kontaktphase

Stimmbildungsübung:
pil-le dik-ke
pal-le dak-ke
pol-le dok-ke

Bei den ersten Übungen ist darauf zu achten, daß die Kinder die Töne auf dem „ll“ klingen lassen.

Bei den nächsten Übungen ist auf ein exaktes Staccato zu achten.

5. Lösungsphase

Gestaltung des Liedes

Vorspiel: Die einzelnen Schneeflocken fallen (sanfte Instrumente). Das Ostinato tritt dazu. Nach vier Takten beginnen wir zu singen.
Am Ende der beiden Strophen läuft das Ostinato noch vier Takte weiter, decrescendo bis zum Schluß.

Pille, palle, polle, im Himmel sitzt Frau Holle

Text und Melodie: Hans Poser. Aus: Hans Poser „Tina, Nele und Kathrein", © Möseler Verlag, Wolfenbüttel.

Ist die schwarze Köchin da?

Materialien für den Unterricht:

Schwarze Papiermaske an einem Holzstiel, Handtrommel.

1. Aktivierungsphase

Die Kinder sehen auf der Folie das Bild einer Küche, in der das Essen auf dem Herd raucht und verbrennt, die Köchin ist schwarz im Gesicht.

L: Auf diesem Bild seht ihr eine ungeschickte Köchin. Schaut, was ihr passiert!

2. Orientierungsphase

L: Wir lernen heute ein Lied, das von dieser ungeschickten Köchin erzählt. Das Lied können wir spielen, jemand von uns muß dann immer die schwarze Köchin sein.

3. Konfrontationsphase

Vorbereitung des Spieles. Lehrer spielt auf der Handtrommel:

L: Bei unserem Spiel müssen wir uns nach einer festen Regel bewegen.
Alle Kinder bewegen sich auf Viertelnoten im Kreis.

Drei verschiedene Modelle des Liedes werden geübt:

Alle Kinder bewegen sich auf Viertelnoten im Kreis, wobei Pausen einzuhalten sind; die Kinder müssen sich konzentrieren und bei der Pause stehenbleiben.

usw.

usw.

Kinder gehen:

Lehrer spielt:

Die Kinder gehen auf Viertelnoten, der Lehrer singt das Lied dazu vor.

Zum Vorsingen des Lehrers gehen die Kinder, bleiben aber jetzt bei den Pausen stehen.

Nach diesen vorbereitenden Übungen gehen die Kinder auf Viertelnoten im Kreis, der Lehrer spielt jetzt zum Gehen der Kinder auf der Handtrommel den Rhythmus des Liedes.

4. Kontaktphase

Auflegen der Liedfolie

L: Wir singen das Lied gemeinsam. Durch das Vorsingen des Lehrers bei den Bewegungsübungen können die Kinder die Melodie.

Stimmbildungsübung:

L: Wir suchen die schwarze Köchin, wo ist sie? (wo)
Sie jammert über ihr Mißgeschick (weh).
Sie wird ausgelacht (ha).
Sie wird geschimpft (buh).

5. Lösungsphase

Wir singen und spielen die Geschichte von der ungeschickten Köchin.

Die Kinder stehen im Kreis, das Gesicht zur Kreismitte gerichtet. Ein Kind trägt die schwarze Maske und umschreitet auf Viertelnoten den Kreis der Kinder. Das Kind stellt die schwarze Köchin dar und sucht die nächste schwarze Köchin, um sich zu erlösen.

Ein Kind geht singend um den Kreis.

Die Kinder des Kreises antworten gemeinsam.

Das Kind mit der schwarzen Maske geht weiter um den Kreis und singt.

Alle Kinder singen und fordern damit das Kind mit der Maske auf stehenzubleiben. Das Kind mit der Maske hält nun einem Kind im Kreis, hinter dem es steht, die Maske vors Gesicht und fragt wieder singend.

Alle antworten nun mit ja, die neue schwarze Köchin muß, nachdem sie mit „Buh" verabschiedet worden ist, aus dem Kreis gehen. Die vorherige schwarze Köchin ist erlöst und darf in den Kreis.

Das Spiel beginnt neu.

Ist die schwarze Köchin da?

Kinderlied aus Dresden.

Brunnenfrau, zieh mich in den Brunnen

Materialien für den Unterricht:

Alt-Xylophone, Baß-Xylophon, Baß-Metallophon, Pauken, Sopran- und Alt-Glockenspiele, Handtrommel

1. Aktivierungsphase

Vorspiel eines rhythmischen Motivs des Liedes:

L: Wenn wir die Trommel hören, können wir uns vorstellen, wie sich eine Person dazu bewegt. Kurze Aussprache über Vermutungen der Kinder: Ein Kind hüpft.

2. Orientierungsphase

L: Ich singe euch jetzt ein Lied vor, das von singenden und hüpfenden Kindern erzählt. Achtet genau darauf, wovon die Kinder singen.

3. Konfrontationsphase

Vorsingen des Liedes

L: Die Kinder singen von einer ganz besonderen Person.
Wassernixe, verzauberte Frau, böse Fee...
L: Die Kinder hüpfen beim Singen. Sie hüpfen um den Brunnen, sie ärgern die Brunnenfrau.

Erste rhythmische Bewegungsübung

Einige Kinder bilden, im Kreis sitzend, den Brunnenrand. Die anderen Kinder hüpfen zum gegebenen Rhythmus (Handtrommel) im Kreis um den Brunnen.

Erarbeitung der rhythmischen Motive

Den Rhythmus, zu dem sich die Kinder bewegt haben, klatschen wir nun, der Lehrer singt zum Klatschen immer die Melodie.
Nach dem ersten Motiv erarbeiten wir die übrigen Motive.

Motiv 1:

Motiv 2:

Motiv 3:

4. Kontaktphase

Wir fassen die verschiedenen Motive zusammen. Folie des Liedes wird aufgelegt. Gehörbildung.

Wir sprechen gemeinsam den Text und klatschen den Rhythmus.
Der Lehrer spricht und klatscht, die Kinder suchen gleiche rhythmische Bausteine, die dann an der Folie farbig gekennzeichnet werden.

Stimmbildungsübung:

bom, bom
tom, tom
tim, tim
düm, düm
böm, böm

L: Damit die Brunnenfrau die Kinder auch wirklich hört, bringen sie verschiedene Trommeln mit und spielen darauf.

Wir achten auf das klingende „m".

Liedbegleitung in vereinfachter Form nach dem Orff-Schulwerk:

Die verschiedenen Begleitmodelle spielen jeweils andere Kinder.

Vorspiel

Singstimme

Die Singstimme ist von Takt 5 bis 10 um eine Oktav höher gesetzt, weil das c'' für die Kinderstimme „gesünder“ ist.

5. Lösungsphase

Wir singen, begleiten mit Instrumenten und spielen die Geschichte der Brunnenfrau.

Ein Kind spielt die Brunnenfrau, die im Brunnen sitzt, dessen Rand von Kindern gebildet wird. Bei Takt 3–4 singen und hüpfen die anderen Kinder um den Brunnen. Ab Takt 5 steht die Brunnenfrau auf und versucht die Kinder in den Brunnen zu ziehen. Die Kinder um den Brunnen weichen erschreckt zurück.

Brunnenfrau

Text: Spielreim aus Mitteldeutschland. Melodie: Carl Orff. Aus: „Orff-Schulwerk“, Band I, © Schott Verlag, Mainz

Ich bin der Zaub'rer Zitzeblitz

Materialien für den Unterricht:

Handtrommel, Schellentrommel, kleine Trommel, große Trommel, Pauke, Holzblocktrommel, Alt-Xylophon, Baß-Xylophon, schwebendes Becken oder Gong.

1. Aktivierungsphase

Auf der Folie sehen die Kinder das Bild eines Zauberers.

L: Vielleicht könnt ihr erkennen, wer hier dargestellt ist.
S: Ein Zauberer.
L: Heute gibt es noch Zauberer im Zirkus.

2. Orientierungsphase

L: Stellt euch einen Zauberer im Zirkus vor; wir lernen einige seiner Zaubersprüche, hört, wie er sich vorstellt!

3. Konfrontationsphase

Folie mit dem A-Teil des Liedes

Der Lehrer singt die Vorstellung des Zauberers.

Sprecherziehung:

- Gemeinsames Sprechen des A-Teiles im Rhythmus. Der Lehrer spielt dazu auf der Handtrommel Viertelnoten.
- Wir sprechen den A-Teil des Liedes dreimal, beginnen ganz leise und crescendieren dann.

Ans Ende setzen wir einen großen Beckenschlag.

Instrumentalbegleitung des A-Teiles.

Ein kleines Vorspiel leitet den A-Teil ein, der dann mit einem Ostinato begleitet wird.

Vorspiel:
Baß-Xyl.

Während die Kinder die Begleitung üben, singt der Lehrer die Melodie immer wieder.

Gemeinsames Singen der Melodie

Einige Kinder spielen die Begleitung.

4. Kontaktphase

Wir üben die gesprochenen Zauberformeln.

Wir müssen uns auf einen Rhythmus festlegen.

Das rhythmische Sprechen der Kinder begleitet der Lehrer mit der Handtrommel (Viertelnoten).

Eine Hälfte der Klasse spricht, die andere Hälfte der Klasse schlägt mit vielerlei Trommeln den Takt.

Bewegungsgestaltung:

Wir markieren mit einer Schnur einen Kreis. Während des Sprechens der Strophen darf sich eine Kindergruppe frei im Raum bewegen. Die Kinder müssen aber mit dem Ende der Strophe wieder im Kreis sein.

Die fünf Strophen werden jeweils von einem Kind in Viertelnoten begleitet. Bei jeder Strophe verwenden wir eine andere Trommel.

Die gesprochenen Strophen eignen sich zur konzentrierten, aufmerksam hörenden Bewegung.
1. Str.: Zauberbus
Die Kinder „fahren“ frei im Raum.
2. Str.: Zauberland
Die Kinder stellen bei ihrer Bewegung Tiere dar.
3. Str.: Zauberplatz
Die Kinder ahmen das Schaukeln, Klettern, Hüpfen, Schlüpfen nach.
4. Str.: Zauberhaus
Die Kinder tanzen, toben und lachen.
4. Str.: Zauberbett
Die Kinder „schlafen“ außerhalb des Kreises, erwachen und sind am Ende der Strophe wieder im Kreis.

5. Lösungsphase

Gesamtgestaltung des Liedes:
Zwischen die gesprochenen Zauberverse wird jeweils der A-Teil mit Vorspiel und Ostinatobegleitung eingeschoben.

Es ist wichtig, die Gruppen zu wechseln:
Singstimmen/Sprechstimmen
Begleitinstrumente
Kinder der Bewegungsgestaltung

Konzentrationsübung

Der Lehrer spielt auf der Handtrommel den vereinbarten Rhythmus der Zauberverse, die Kinder bewegen sich frei im Raum, müssen jedoch am Ende des Rhythmus im gegebenen Kreis sein.

Ich bin der Zaub'rer Zitzeblitz

B 1. Ich mache zitzezatzewuss
und zaubre einen Zauberbus;
ach, wie ist das fein!
Mit einer großen Hupe dran,
ganz für uns allein!
Der wird uns ohne Mühe fahren
in Länder, wo noch nie wir waren,
und keiner kann uns stören,
und keiner kann uns stören.

A *gesungen*

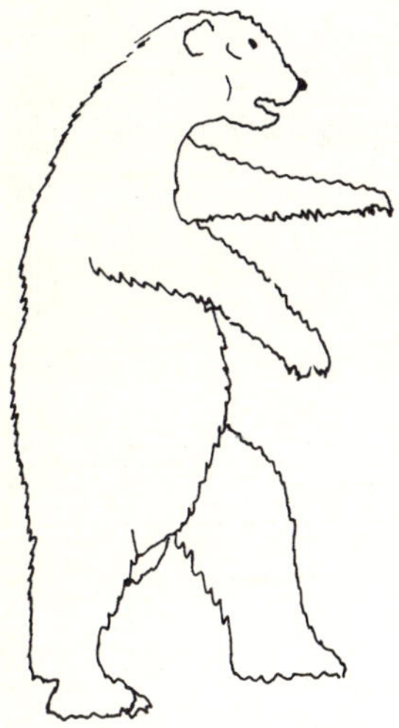

B 2. Ich mache zitzezatzewand
und zaubre uns ein Zauberland;
ach, wie ist das fein!
Mit vielen Tieren, klein und groß,
ganz für uns allein!
Wir können reiten, laufen, springen,
mit Vögeln um die Wette singen,
und keiner kann uns stören,
und keiner kann uns stören.

A *gesungen*

B 3. Ich mache zitzezatzewatz
und zaubre einen Zauberplatz;
ach, wie ist das fein!
Mit vielen Abenteuern drauf,
ganz für uns allein!
Wir können schaukeln, klettern, hüpfen,
durch eine große Röhre schlüpfen,
und keiner kann uns stören,
und keiner kann uns stören.

A *gesungen*

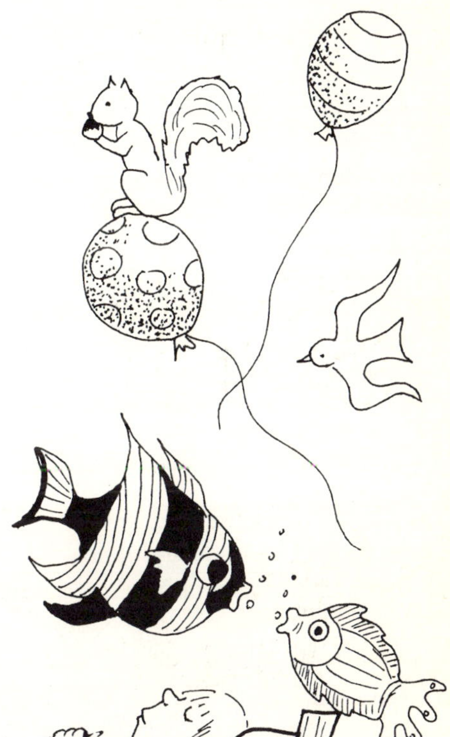

B 4. Ich mache zitzezatzewaus
und zaubre uns ein Zauberhaus;
ach, wie ist das fein!
Mit vielen großen Räumen drin,
ganz für uns allein!
Wir können tanzen, toben, lachen,
und lauter lust'ge Sachen machen,
und keiner kann uns stören,
und keiner kann uns stören.

A *gesungen*

B 5. Ich mache zitzezatzewett
und zaubre uns ein Zauberbett;
ach, wie ist das fein!
Mit vielen bunten Träumen drin,
ganz für uns allein!
Wir können dann im Traume fliegen,
bis wir im eig'nen Bette liegen,
und wachen fröhlich auf,
und wachen fröhlich auf!

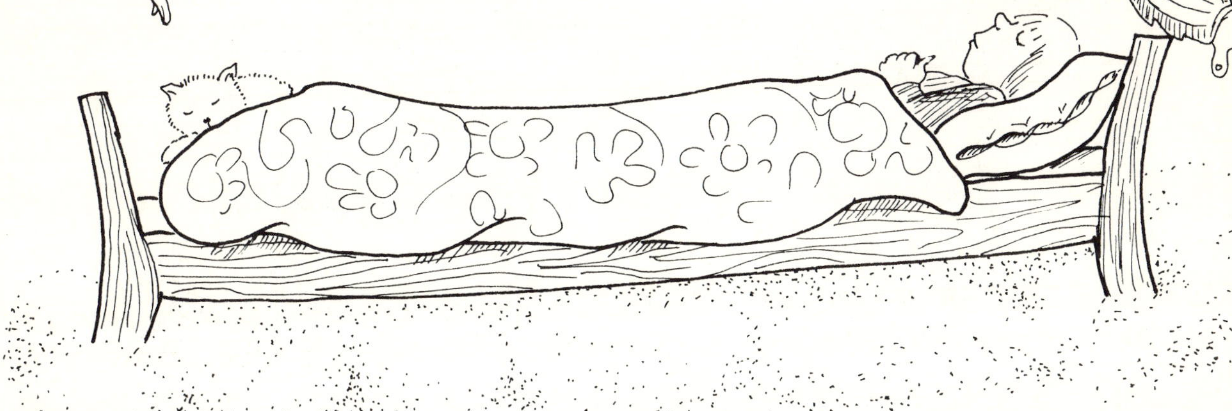

Ach Sonnenschein, mein lieber

Materialien für den Unterricht:

Schlagstäbe, Glockenspiele, Alt- und Baßxylophone.

1. Aktivierungsphase

Vorspiel eines sehr bekannten Rhythmus:

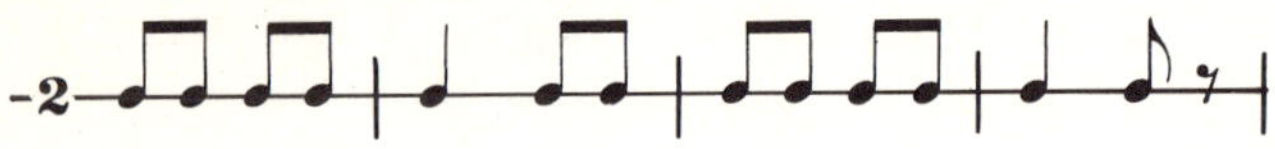

L: Zu diesem Rhythmus fällt euch sicher ein sehr bekanntes Lied ein.
S: Backe, backe Kuchen.

2. Orientierungsphase

L: Wir lernen ein Liedchen, das mit dem „Backe Kuchen" Ähnlichkeit hat. Am Anfang des Liedes ist ein kleiner Unterschied, den ihr herausfinden sollt.

3. Konfrontationsphase

Gegenüberstellung der beiden Liedanfänge

S: Das neue Lied hat einen Schlag mehr.

Rhythmisches Sprechen mit Begleitung durch Schlagstäbe. (Folie).
Wir spielen den Rhythmus, ohne den Text zu sprechen.

Kennenlernen der Melodie.

Gemeinsames Singen der Melodie

Wenn Text und Rhythmus sicher sind, sprechen wir in zwei Gruppen (jede Gruppe 4 Takte).

Das Rhythmusspiel verteilen wir wieder auf zwei Gruppen (je 4 Takte).
Die Kinder spielen mit den Schlagstäben den Rhythmus, der Lehrer singt dazu die Melodie.

4. Kontaktphase

Wir lernen ein kleines Vorspiel und eine Begleitung zum Lied.

Alle Ostinatostimmen werden zuerst gemeinsam auf den Stabspielen geübt; dann werden die Stimmen auf Instrumente und Schüler verteilt. Wir spielen die Instrumente nur auswendig, ohne Noten.

5. Lösungsphase

Wir singen und begleiten das Lied.

Beim Singen und Begleiten ist darauf zu achten, daß möglichst alle Kinder die Möglichkeit zum Singen und zum Spielen eines Instrumentes erhalten.

Gestaltung des Liedes:
- Sprechen des Textes mit Begleitung durch Schlagstäbe
- Vorspiel mit Instrumenten, Singen mit Begleitung

Ach, Sonnenschein,

Deutsche Textfassung: Imre Ormay. Schweizer Kinderlied. Aus: „Europäische Kinderlieder", © Schott Verlag, Mainz

Räbete, räbete, pläm, pläm, pläm

Materialien für den Unterricht:

Baß-Metallophon, Xylophone, Baß-Xylophon, kleine Trommel, große Trommel (oder Pauke), Triangel, Becken.

1. Aktivierungsphase

Vorsingen des ganzen Liedes

In dem Lied kommen viele Instrumente vor, sie werden nicht genannt, aber man hört sie klingen.

S: bum – die große Trommel
tschin – das Becken
klingeling – der Triangel
pläm – die Gitarre
räbete – die kleine Trommel

Wenn die Instrumente genannt sind, werden sie gleich vorgestellt.

2. Orientierungsphase

L: Wir müssen unser Lied sehr deutlich singen, damit die Zuhörer die Instrumente erkennen können. Die wichtigen Silben sind pläm, kling, tschin, bum.

3. Konfrontationsphase

Stimmbildung mit den gegebenen Silben

bum
pläm
kling
tschin

Sprecherziehung mit der gegebenen Silbenfolge „räbete".

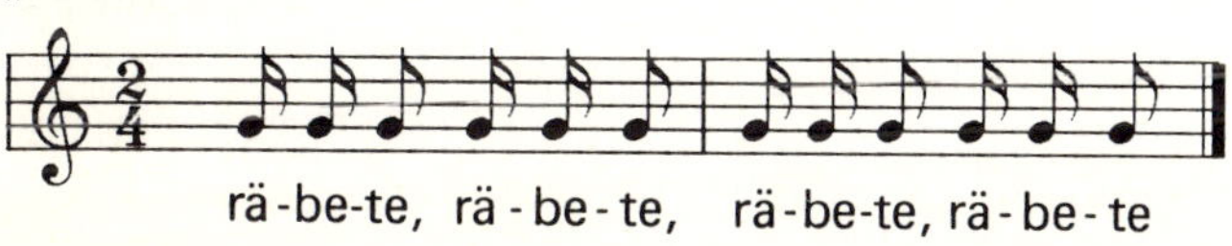

Wir singen die wichtigen Silben auf einem Ton zu kleinen rhythmischen Modellen, die im Lied vorkommen.

Die Tonhöhe sollte zwischen f' und c'' variiert werden.

Die Resonanzschulung durch die Klinger „m, ng, n" ist besonders zu beachten.

Wir sprechen zunächst fortlaufend den Rhythmus der kleinen Trommel.

Wir fügen die Stimmbildung und die Sprecherziehung zusammen.

L: Die kleine Trommel begleitet unser Singen.

Rhythmische Übung
Die rhythmischen Modelle kennen wir schon von den vorausgegangenen Übungen.

Wir klatschen den Liedrhythmus.

Lernen der Melodie

Die Kinder klatschen den Rhythmus, der Lehrer singt das Lied. Wir singen das Lied gemeinsam.

4. Kontaktphase

Einfache Begleitung des Liedes

5. Lösungsphase

Improvisation von Zwischenspielen als Vorbereitung auf die verschiedenen Strophen

Tonvorrat für das Baß-Xyl.:

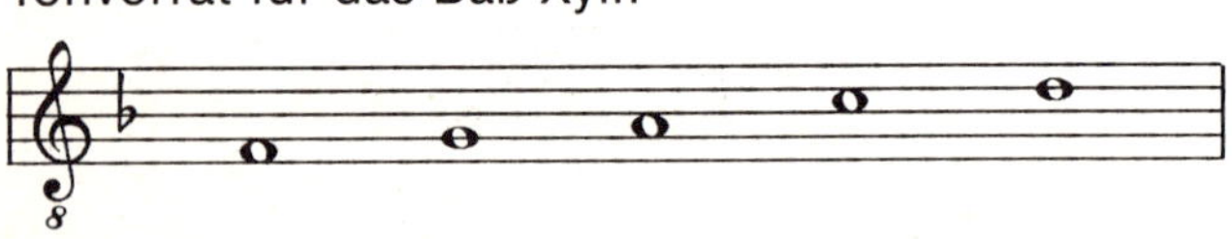

Als Grundlage für die Zwischenspiele benützen wir die Liedbegleitung. Zu dieser Begleitung improvisieren die Kinder auf den Instrumenten, die in der folgenden Strophe vorkommen. Die Gitarre ersetzen wir durch ein Baß-Xylophon.

Räbete, räbete

Kinderlied aus der Schweiz.

Kuckuck, sag mir doch

Materialien für den Unterricht:

Baß-Metallophon, Xylophone, Glockenspiel.

1. Aktivierungsphase

Vorspiel verschiedener Kuckucksrufe auf einem Xylophon

L: Sicher kommen euch diese Töne bekannt vor.
S: Elektrische Glocke an der Haustür, der Ruf des Kuckucks. Kurzes Gespräch über den Vogel.

2. Orientierungsphase

L: Wir lernen heute ein Lied vom Kuckuck, bei dem wir auch ein Spiel machen können, bei dem es auf genaues Zuhören ankommt.

3. Konfrontationsphase

Vorsingen des Liedes, erster Teil

L: An der Melodie des Liedes fällt euch sicher etwas auf.
S: Das Lied besteht nur aus zwei Tönen, aus den Tönen des Kuckucksrufs.

Vorspiel des ersten Melodieteils auf dem Xylophon

Wir wiederholen die gespielte Melodie auf verschiedenen Tonsilben und achten auf ein klares Staccatosingen.

Vorsingen des zweiten Liedteiles

S: Das Lied besteht auch hier nur aus zwei Tönen. Hier ruft der Kuckuck tiefer.

Vorspiel des zweiten Melodieteils auf dem Xylophon

Wir wiederholen auch diesen Teil mit den Tonsilben von oben.

Wir singen das Lied gemeinsam.

4. Kontaktphase

Wir spielen eine Begleitung, die schon bei anderen Liedern geübt wurde.

Die Erarbeitung der Begleitung erfolgt zuerst gemeinsam auf vielen Stabspielen, dann teilen wir die Begleitung einigen Instrumenten und Kindern zu.

Als Vorspiel verwenden wir den ersten Melodieteil.

Die Liedbegleitung wird auf zwei Kindergruppen verteilt.

Liedbegleitung:

5. Lösungsphase

Zum Singen und Spielen mit Instrumenten gestalten wir ein Spiel, wobei es für alle Mitspieler auf konzentriertes Hören ankommt.

Nach Vorspiel und Lied spielt ein Kind eine beliebige Anzahl von Kuckucksrufen (zwischen 1 und 12). Eine bereitstehende Kindergruppe darf soviel Schritte vorwärts gehen wie Kuckucksrufe zu hören waren. Wer eine falsche Anzahl von Schritten macht, muß aus dem Spiel ausscheiden. Zwischen das Schreiten der Kinder fügen wir immer Vorspiel und Lied ein.

Kuckuck, sag mir doch

Melodie und Text mündlich überliefert.

Kneck, knack, schlaf, du kleiner Dudelsack

Materialien für den Unterricht:

Xylophone, Baß-Xylophon und Maß-Metallophon, Zimbel.

1. Aktivierungsphase

Wir betrachten das Bild eines Dudelsackspielers.

L: Vielleicht kennt jemand dieses besondere Musikinstrument.
S: Ein Dudelsack.
Gespräch über die Besonderheiten eines Dudelsakkes. Die Melodien, die von Dudelsackspielern geblasen werden, scheinen unendlich zu sein.

2. Orientierungsphase

L: In einem Kinderreim wird auch von einem Dudelsack erzählt. Der Dudelsack ist aber ein kleines Kind, das einschlafen soll, aber nicht will; es lärmt unendlich weiter wie ein Dudelsack. Ein älteres Kind muß aufpassen, obwohl es lieber zum Spielen gehen möchte.

3. Konfrontationsphase

Vorsprechen des Kinderreims

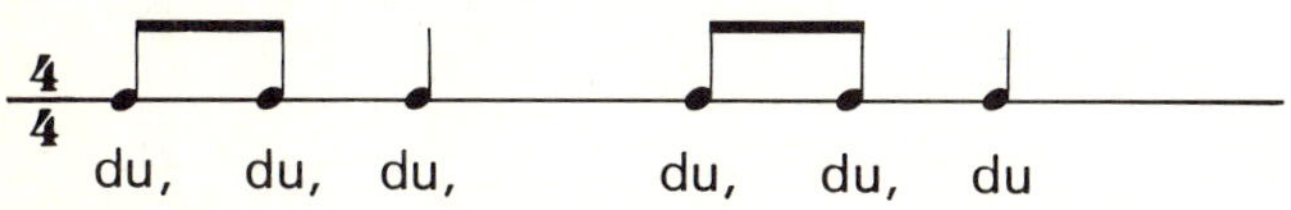

Nach dem Vorsprechen versuchen wir schrittweise, den Text gemeinsam rhythmisch zu sprechen.
L: Am Ende des Verses fordert das größere Kind das kleine auf, endlich zu schlafen, es sagt „du, du, du". Diesen Rhythmus verwenden wir gleich zu einer Begleitung des Liedes.

Erarbeitung der rhythmisierten Begleitung mit Xylophonen

Alt-Xyl.

Baß-Xyl.

Zur Begleitung sprechen alle den Text.
Die Spieler der Instrumente erleichtern sich ihre Aufgabe, indem sie immer den Rhythmus „du, du, du" mitdenken.

Die Kinder spielen die Begleitung, der Lehrer singt das Lied vor.

Bei diesem gemeinsamen Musizieren lernen die Kinder die Melodie. Es kann das gemeinsame Singen folgen.

4. Kontaktphase

Weiterer Ausbau der Dudelsackbegleitung
Ein Xylophon gestaltet mit zwei Quinten ein Vorspiel:

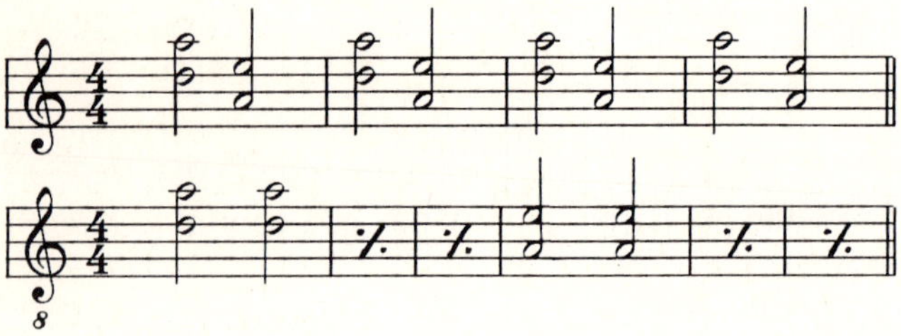

Die beiden Quinten brauchen wir auch zur Liedbegleitung, aber nacheinander und von zwei verschiedenen Spielern übernommen.

5. Lösungsphase

Gemeinsames Singen und Spielen der Instrumente
Vorspiel

Kneck, knack

Text: Ruth Dirx. Melodie: Hermann Handerer. Aus: Hermann Handerer u. a. „Mein Musikbuch 1/2“, © Rudolf Oldenbourg Verlag, München

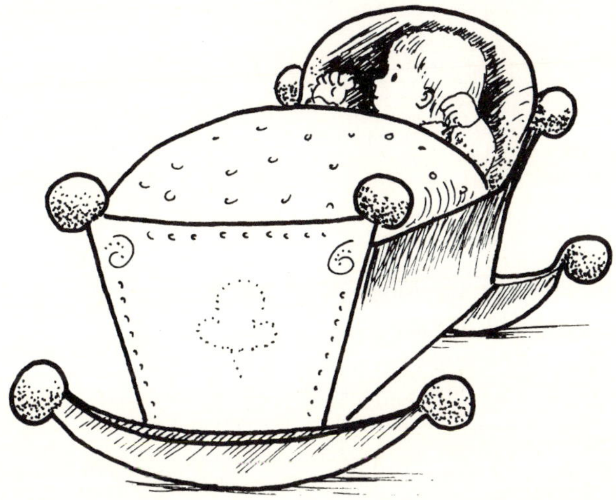

Hans, der kommt des Wegs daher

Materialien für den Unterricht:

Alt- und Baß-Xylophon, Glockenspiel, Zimbel, Holzröhrentrommel, schwebendes Becken, Schrappholz, Schellenkranz, Becken.

1. Aktivierungsphase

Kurzes Gespräch über das Märchen „Hans im Glück“

Die Kinder dürfen kurz erzählen, woran sie sich erinnern.

2. Orientierungsphase

L: Wir werden heute das ganze Märchen singen und versuchen, die wichtigen Personen hörbar zu machen. Wenn ich euch das Lied jetzt vorsinge, überlegt euch gleich, wer die wichtigen Personen sind.

3. Konfrontationsphase

Vorsingen des ganzen Märchens

Wir überlegen zusammen, welches unserer Schlaginstrumente zu welcher Person paßt.

Gold

Pferd

Kuh

Schwein

Gans

Schleifstein

L: Welche „Personen“ können wir hörbar machen?
S: Das Pferd, die Kuh, das Schwein, die Gans.
L: Weitere wichtige Dinge im Märchen sind das Gold und der Schleifstein.
L: Das Gold glänzt, ist etwas sehr Feines.
Zimbel
L: Die Hufe des Pferdes.
Holzröhrentrommel
L: Die Kuh geht langsam und schwerfällig.
Becken mit weichem Schlägel.
L: Das Schwein schnüffelt und grunzt.
Schrappholz
L: Die Gans schnattert und lärmt.
Schellenkranz
L: Der Schleifstein ist schwer und hart auf der Schulter.
Becken paarweise

Vorsingen des ganzen Liedes

Beim Teil A des Liedes begleitet jeweils ein Kind den Lehrer mit dem festgelegten Instrument und dem geübten rhythmischen Modell. Dabei lernen die Kinder durch das Zuhören die Melodie.

Die Kinder singen und begleiten den Teil A, der Lehrer singt die Teile B und C.
Die Kinder singen die Teile B und C, der Lehrer singt Teil A.
Die Kinder singen alle drei Liedteile.

4. Kontaktphase

Wir begleiten das ganze Lied mit einer Ostinato-Begleitung.

Baß-Xyl.

Wir hören die Schritte von Hans.

Alt-Xyl.

Stimmbildungsübungen:

Silbe ha, ha, ha – Wir stellen uns den glücklichen Hans vor. Stimmlokkerung!

Silbe trapp, trapp – Das Pferd kommt. Genaue Artikulation!

Silbe mumumu – Die Kuh kommt. Resonanzübung, der Ton muß auf dem „m" klingen.

Wir schnüffeln wie das Schwein. – Atemübung zum Training des Zwerchfelles!

5. Lösungsphase

Wir gestalten das Lied mit Ostinato-Begleitung und den charakteristischen Instrumenten der Personen.

Die Ostinato-Begleitung läuft ganz durch. Im C-Teil des Liedes verstärken wir das Alt-Xylophon durch ein Glockenspiel (der glückliche Hans). Die personenbezogenen Instrumente spielen nur im A-Teil.

Vorspiel:

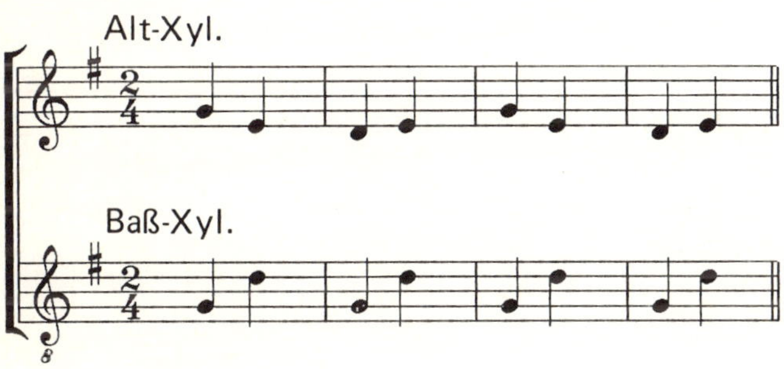

Liedbegleitung:

A

B

C

Hans, der kommt des Wegs daher

2. Kommt ein Reitersmann daher,
Hans, den drückt das Gold so schwer,
darum gibt er für das Pferd
seinen großen Klumpen Gold ...

3. Kommt ein Bauer mit 'ner Kuh,
tauscht sie ein in guter Ruh
und der Hans, der gibt das Pferd,
und das Pferd, das war ihm wert,
einen großen Klumpen Gold ...

4. Kommt ein Bauer mit 'nem Schwein,
Hans, der denkt: ach wär es mein!
Darum gibt er seine Kuh,
die er kriegte für das Pferd,
und das Pferd, das war ihm wert,
einen großen Klumpen Gold ...

5. Kommt ein Bauer mit 'ner Gans.
Hätt' ich die, denkt unser Hans!
Und er gibt dafür das Schwein,
das er kriegte für die Kuh,
die er kriegte für das Pferd,
und das Pferd, das war ihm wert,
einen großen Klumpen Gold ...

6. Scherenschleifer kommt daher,
denkt der Hans: Wie gut hat's der!
Und für einen Schleifestein
gibt er her sein Gänselein,
das er kriegte für das Schwein,
das er kriegte für die Kuh,
die er kriegte für das Pferd,
und das Pferd, das war ihm wert,
einen großen Klumpen Gold ...

7. Hans, den drückt der schwere Stein,
wirft ihn in den Bach hinein,
seine Freude, die ist groß;
denn nun ist er alles los;
seinen schweren Schleifestein
und das fette Gänselein
und das große, dicke Schwein
und die schöne bunte Kuh
und das Pferd auch noch dazu
und den großen Klumpen Gold:
sagt, was ihr wollt.
er ist ein reicher, ein glücklicher Hans,
er ist ein reicher, ein glücklicher Hans!

Text und Melodie: Hans Poser.
Aus: Hans Poser, „Märchenlieder",

Guten Tag, ihr schönen Damen

Materialien für den Unterricht:

Schellentrommel, Schellenrassel, Glockenspiel, Xylophon, Baß-Metallophon, Pauken, Kassette mit einem Walzer, Baß-Xylophon.

1. Aktivierungsphase

Die Kinder hören einen kleinen Walzer.

L: Sicher habt ihr erkannt, daß diese Musik eine Tanzmusik ist. Vielleicht kennt jemand diesen Tanz!
S: Verschiedene Tänze werden aufgezählt.

2. Orientierungsphase

Wir lernen heute einen Walzer. Der Walzer erzählt vom Zirkus, von einem Tier, das dort Walzer tanzt.

Kurzes Gespräch über Tiere, die im Zirkus tanzen.

Wir werden die Geschichte von dem Tanzbären auch spielen.

3. Konfrontationsphase

Vorsingen des Liedes
Die Liedfolie liegt auf.

L: Während ich das Lied vorsinge, sollt ihr euch überlegen, was wir spielen können.
S: Wir können das Tanzen des Bären spielen. Wir können den Zirkusdirektor darstellen, wie er die Zuschauer begrüßt.

Vorsingen des Liedes
Die Kinder stehen nebeneinander.

Bei den vier Takten der Begrüßung verbeugen sich die Kinder nach vorne, nach links, nach rechts und nochmals nach vorne.

Einige Kinder stellen den Tanzbären dar.

Bei den acht Takten des Walzers (Tralala) versuchen die Kinder den Bärentanz.

Bei diesem ersten Gestalten wird das Lied oft vorgesungen, so daß wir nun das gemeinsame Singen versuchen können.

Gemeinsames Singen
Stimmbildungsübungen

Im ersten Teil des Liedes wird der Bär angekündigt. Das Zirkusorchester spielt.

Takt 1–8
dü, dü — die Klarinette
ta, ta — die Trompete
tö, tö — die Posaune

Hier ist besonders auf genaues Singen der Achtelnoten zu achten.

Takt 9–16
brum, brumm

Der Bär erscheint.
Das klingende m ist zu beachten, der Sitz des Tones im Nasenraum.

4. Kontaktphase

Wir bilden jetzt unser eigenes Zirkusorchester.

L: Wir spielen zu unserem Tanzlied eine Walzerbegleitung. Vorübung mit Patschen und Klatschen.

Klatschen

Patschen

Die Begleitung teilen wir in drei Gruppen auf, um das Instrumentalspiel zu erleichtern.

1. Gruppe

2. Gruppe

3. Gruppe

Zum Einüben jedes Teiles der Begleitung singen wir den entsprechenden Melodieteil.

Mit Glockenspielen stellen wir ein kleines Vorspiel voran:

5. Lösungsphase

Nachdem wir das Lied singen und begleiten können, gestalten wir es auch durch Bewegung.

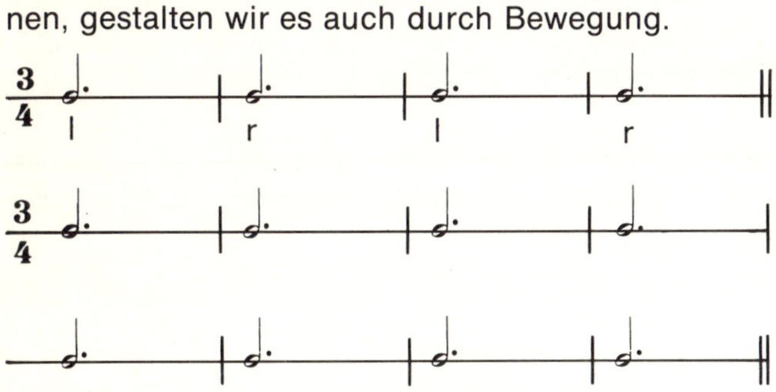

Die Verbeugung des Zirkusdirektors machen alle Kinder beim Singen der ersten vier Takte. Bei den nächsten vier Takten tappt der „Tanzbär" in die Manege.

Bei der ersten Strophe dreht sich der „Bär" schwerfällig auf beiden Beinen wiegend im Kreis. Die Schritte werden von der Schellentrommel begleitet.

In der zweiten Strophe macht uns der Bär ein Kunststück vor.

Der „Bär" hüpft abwechselnd auf beiden Beinen den Rhythmus des Walzers.

Jedes Kind, das den Bären darstellt, darf zusätzliche Bewegungen auch frei improvisieren.

Guten Tag, ihr schönen Damen

Text und Melodie mündlich überliefert.

Es regnet, es tröpfelt schon im Faß

Materialien für den Unterricht:

Schlagstäbe, Holzblocktrommel, Kugelrasseln, Bambusrassel, Kastenrassel, Xylophone, Baß-Metallophon, Zimbel, Triangel.

1. Aktivierungsphase

Gespräch über Geräusche, die man beim Regnen hören kann.

L: Wenn es regnet, können wir viele Geräusche hören.
S: tröpfeln, prasseln, gießen, schütten, kleine Tropfen, große Tropfen...
L: Wir hören auch, wohin die Tropfen fallen.
S: auf Holz, auf die Straße, auf Glas, auf Blech...

2. Orientierungsphase

L: Wir versuchen heute, mit Instrumenten den Regen hörbar zu machen und singen dann ein Lied vom Regen.

3. Konfrontationsphase

Vorsingen des Liedes

L: In dem Lied wird vom Wetter erzählt.
S: Es regnet, alles wird naß, die Kinder bleiben im Haus, die Sonne kommt wieder.

Darstellung des Regens mit graphischen Zeichen

L: Der Regen beginnt.
S: Einzelne große Tropfen
Xylophone, Holzblocktrommel, wenige Schlagstäbe

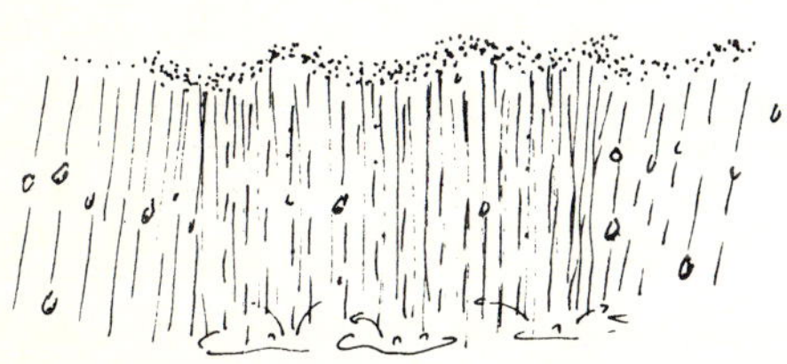

L: Es regnet stark.
S: Der Regen prasselt.
Viele Schlagstäbe, alle Rasseln, Holzblocktrommeln

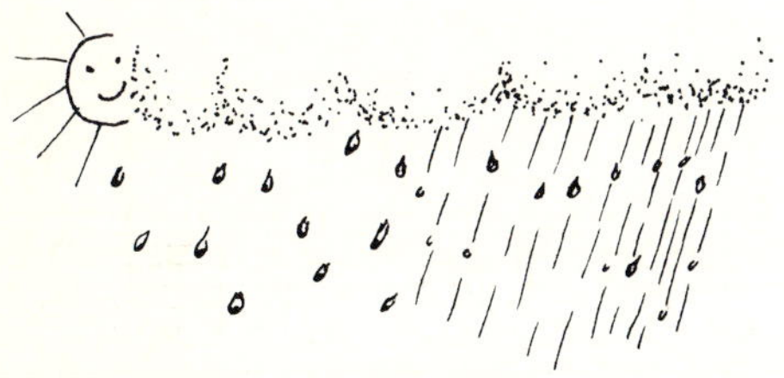

L: Der Regen hört auf.
S: Der Regen läßt nach, man hört wieder einzelne Tropfen wie am Anfang.

Gesamtablauf des Regens:

Die graphische Notation ist an der Tafel. Der Lehrer streicht mit dem Zeigestock darüber, so daß die Kinder genau sehen, was gerade darzustellen ist. Der Zeigestock ist der „Uhrzeiger" für den musikalischen Ablauf.

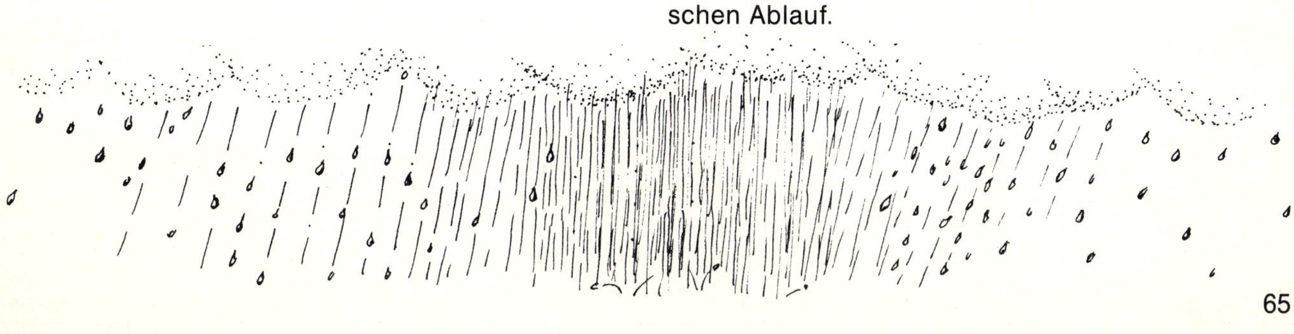

Alle Kinder sind bei der Darstellung des Regens beteiligt.

Erarbeitung der rhythmischen Bausteine
Vorklatschen der Bausteine und Notation an der Tafel

L: In unserem Lied kommen drei Bausteine vor.

Die Kinder klatschen jeden Baustein mehrmals.

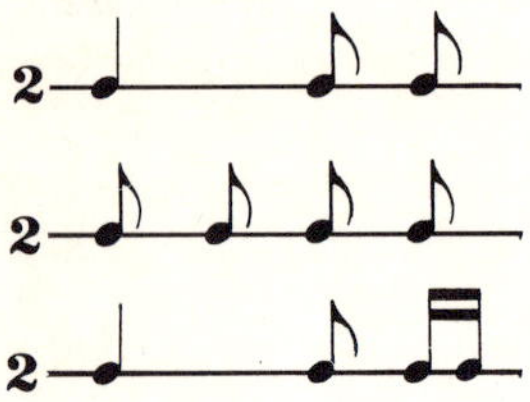

Auflegen der Folie mit der Melodie

L: Sucht die Bausteine im Lied.

Der Lehrer singt das Lied, die Kinder klatschen jeweils eine Art der Bausteine mit. Danach klatschen sie alle drei Bausteine mit.

Gemeinsames Singen der Melodie

4. Kontaktphase

Stimmbildungsübungen

L: Wir stellen jetzt mit unserer Stimme die großen und kleinen Regentropfen dar.
Bei den kleinen Tropfen üben wir mit dem Zwerchfell zum Ziel der Atemfederung.

Diese Übungen auf Tönen im Bereich f′ bis d″.
Die großen Tropfen stellen wir mit anderen Silben dar.

Große Tropfen:
blim, blöm, blom, blam.
Zunächst auf einem Ton üben, dann mit der Melodie.

Große und kleine Tropfen fallen gleichzeitig.

Nach dem Singen mit Tonsilben stets das Singen mit Text anschließen.

5. Lösungsphase

Begleitung mit dem Baß-Metallophon

Gestaltung des Liedes

Wir beginnen mit der Darstellung des Regens, dann schließen sich die drei begleiteten Strophen an. Wir beenden das Lied mit der Darstellung des Sonnenscheines durch Zimbel und Triangelschläge.

Es regnet

2. Wir bleiben, wir bleiben solange noch im Haus
   und lachen und lachen das schlechte Wetter aus.
3. Wir singen, wir singen und spielen Ringelreihn.
   Derweilen, derweilen ist wieder Sonnenschein.

Text: Kurt Hängekorb. Melodie: Wolfgang Hauck. Aus: Liselotte Rockel „Das zweite Liedernest", © Fidula Verlag, Boppard

Wenn Kater Murr spazieren geht

Materialien für den Unterricht:

Verkehrsampel, Seile, Baß-Metallophon, Baß-Xylophon, Glockenspiel, Handtrommel.

1. Aktivierungsphase

Folie mit der Verkehrsampel und dem Kater Murr

Gespräch über das Bild
L: Der Kater lebt in der Stadt gefährlich.

2. Orientierungsphase

L: Wir lernen heute zusammen ein Lied von einem sehr klugen Kater. Er heißt Murr und kennt sogar die Verkehrsampel. Wir werden den Kater gleich spielen, damit wir sehen, wie klug er ist.

3. Konfrontationsphase

Einige Kinder stellen eine Kreuzung dar, einige Kinder spielen den Kater Murr.

Vorsingen der 1. Strophe

Die Kinder hören, daß der Kater spazieren geht.

Auflegen der Liedfolie

L: Der Kater geht elegant, er meidet zunächst die Straße.

Vorsingen der 1. Strophe
sanfte Taktbegleitung mit der Handtrommel

Die Kinder, die den Kater darstellen, bewegen sich im Takt außerhalb der Straßenkreuzung. Wir stellen dar, wie sich der Kater vor dem Überqueren der Straße dreimal umsieht.

Vorsingen der 2. Strophe
Ein Kind an der Kreuzung hält eine rote Ampel.
Vorsingen der 3. Strophe

Wir stellen dar, wie der Kater an der roten Ampel anhält.

Das „Ampelkind" zeigt nun eine Ampel mit rot-gelb, dann mit grün.
Vorsingen der 4. Strophe

Wir stellen dar, wie der Kater stolz über die Kreuzung geht.

Vorsingen der 5. Strophe

Der Kater spaziert frei im Park umher.
Während des Vorsingens und Spielens haben die Kinder die Melodie gelernt.

Gemeinsames Singen des Liedes

4. Kontaktphase

Wir begleiten den Spaziergang des Katers mit Instrumenten.

L: Wir müssen daran denken, daß der Kater auf Samtpfoten geht.

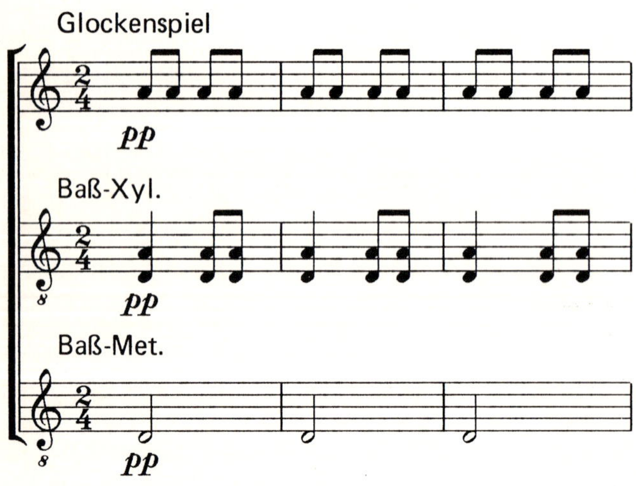

Das Ostinato kann auch als Vorspiel verwendet werden (vier Takte). Im vierten Takt beginnt das Lied auftaktig.

5. Lösungsphase

Mit Seilen markieren wir die Straßenkreuzung, ein Kind bedient die Ampel, ein Kind stellt den Kater Murr dar. Die anderen Kinder singen und begleiten mit den Instrumenten.

Zum Singen und Begleiten des Liedes spielen wir das kluge Verhalten des Katers im Straßenverkehr. Das Wechseln der Gruppen ist wichtig.

Wenn Kater Murr spazieren geht

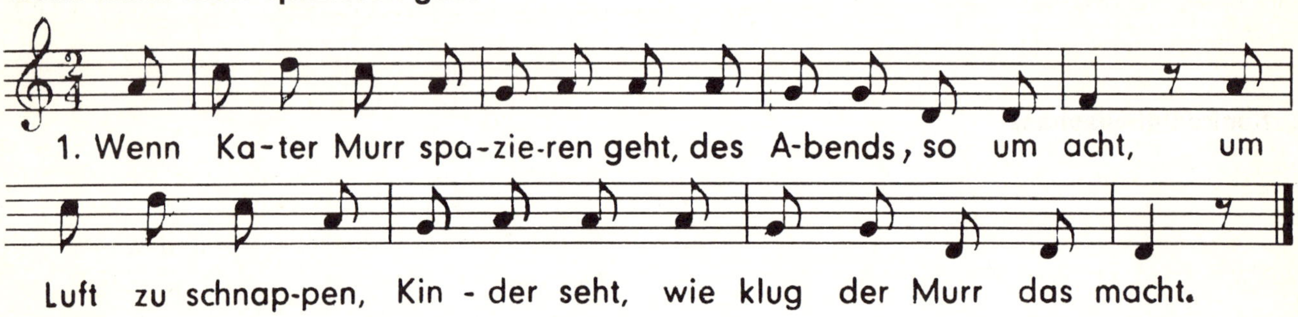

2. Der Murr, der ist ein Großstadtkind, der Murr, der ist nicht dumm!
   Er läuft nicht auf die Straße blind. Er guckt sich dreimal um.
3. Seht! An der Kreuzung macht er halt. Die Ampel leuchtet rot.
   Er ist zwar erst acht Monat' alt, doch weiß er, Rot heißt Tod!
4. Die Ampel wird jetzt gelb, dann grün. Der Murr voll Eleganz
   stapft mitten durch die Autos hin mit hoch erhob'nem Schwanz.
5. Im Park spielt er bis in die Nacht und singt: „Mioooh!" – so schön!
   Und wer wie Murr sich nimmt in acht – darf auch alleine gehn.

Text: Marianne Kaindl. Melodie: Josef Monter. Aus: Liselotte Rockel „Das Liedernest 1", © Fidula Verlag, Boppard

Wer will fleißige Handwerker sehn

Materialien für den Unterricht:

Baß-Xylophon, Glockenspiele, Holzblocktrommel, Zimbel, Handtrommel mit Besen, Schellenrassel, Triangel, Kastenrassel, Holzröhrentrommel.

1. Aktivierungsphase

Freie Bewegung im Raum zum vorgegebenen Takt (Handtrommel)

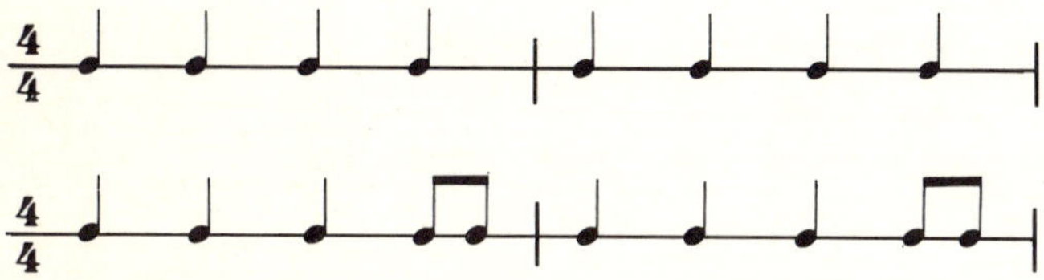

L: Wir bewegen uns im Takt der Trommel, niemand darf einen anderen Mitschüler berühren oder behindern.

L: Wir unterbrechen unser Schreiten durch zwei Trippelschritte.

2. Orientierungsphase

L: In unserem neuen Lied kommt der Rhythmus, zu dem wir uns eben bewegten, vor. In dem Lied hörst du von vielen Handwerkern. Überlege dir beim Hören des Liedes, wie sich die Handwerker bei ihrer Arbeit bewegen.

3. Konfrontationsphase

Vorsingen des ganzen Liedes

S: Der Maurer setzt Steine aufeinander.
Der Glaser streicht die Fugen aus.
Der Maler bewegt die Walze auf und ab.
Der Tischler hobelt.
Der Schuster schlägt mit dem Hammer.
Der Schneider zieht die Nadel durch den Stoff.
Der Konditor rührt den Teig.

Beim Heimgehen von der Arbeit schreiten wir wie am Beginn der Stunde, beim Tanzen fügen wir die Trippelschritte ein.

Vorsingen des ganzen Liedes

Alle Kinder führen die besprochenen Bewegungen aus.

Begleitung mit rhythmisierten Terzen

Vorbereitung der Begleitung durch Patschen und Klatschen.

Gemeinsames Singen des Liedes mit Begleitung

Die Kinder kennen die Melodie durch das Vorsingen bei den Bewegungsspielen.

4. Kontaktphase

Darstellung der Handwerksgeräusche durch Instrumente

Der Rhythmus der Geräusche ist schon von den Bewegungsspielen bekannt.

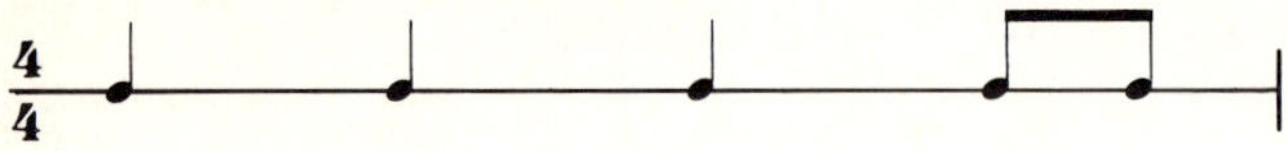

L: Nachdem wir gezeigt haben, wie sich die Handwerker bewegen, versuchen wir jetzt, ihre Arbeit hörbar zu machen.
Maurer: Holzblocktrommel
Glaser: Zimbel
Maler: Trommel mit Besen streichen
Tischler: Schellenrassel
Schuster: Handtrommel
Schneider: Triangel
Konditor: Kastenrassel
Das Heimgehen: Holzröhrentrommel
Das Tanzen: Alle Instrumente

5. Lösungsphase

Gemeinsames Singen und Begleiten des Liedes

Je eine Kindergruppe führt die Geräusche der Handwerker und die Bewegungen der Handwerker aus.

Wer will fleißige Handwerker sehn

2. O wie fein, der Glaser setzt die Scheiben ein.
3. Tauchet ein, der Maler streicht die Wände fein.
4. Zisch, zisch, zisch, der Tischler hobelt glatt den Tisch.
5. Poch, poch, poch, der Schuster schustert zu das Loch.
6. Stich, stich, stich, der Schneider näht ein Kleid für mich.
7. Rühre ein, der Kuchen wird bald fertig sein.
8. Trapp, trapp drein, jetzt gehn wir von der Arbeit heim.
9. Hopp, hopp, hopp, jetzt tanzen alle im Galopp.

Text und Melodie mündlich überliefert.

Tante Trude Trippelstein

Materialien für den Unterricht:

Holzblocktrommel, Schlagstäbe, Bambusrassel, Kastenrassel, Kugelrassel, Triangel, Zimbel, Glockenspiel, Sopran-Metallophon.

1. Aktivierungsphase

Folie mit der Sonne und der weinenden Frau und dem Regen und der lachenden Frau.

L: An den beiden Gesichtern fällt euch sicher etwas auf.
S: Das Gesicht bei der Sonne weint, das Gesicht beim Regen lacht.
L: Es ist eigenartig, bei Sonnenschein zu weinen und bei Regen zu lachen.
S: Vermutungen über Gründe.

2. Orientierungsphase

L: Wir lernen heute einen lustigen Schnellsprechreim über eine Frau, die bei Sonnenschein weint und bei Regen lacht. Wir erfahren auch, warum dies so ist; die Frau heißt Tante Trude Trippelstein.

3. Konfrontationsphase

Vorsprechen des ganzen Gedichtes

L: Wir wissen jetzt, warum Tante Trude Trippelstein bei Regen fröhlich ist.
S: Die Tante verkauft Regenschirme.

Rhythmisches Sprechen des Gedichtes

Zum Erlernen des rhythmischen Sprechens unterteilen wir das Gedicht in sieben Abschnitte.
Jeder Abschnitt wird in vier Schritten erarbeitet:
a) Lehrer spricht und klatscht vor.
b) Lehrer spricht, Kinder klatschen.
c) Kinder sprechen, Lehrer klatscht.
d) Wir klatschen gemeinsam und denken den Text dazu.

4. Kontaktphase

Verteilen des Textes auf drei Gruppen (1. Sprecher, 2. Sprecher, alle).

Die Gruppen sind im Text gekennzeichnet.
Das Sprechen in drei Gruppen ist sehr wichtig für die Schulung der Konzentration beim gemeinsamen Musizieren.

Wir schalten jetzt zum Sprechen das Klatschen (Teil 4) und das Patschen (Teil 6) dazu.

Der Rhythmus des Klatschens und Patschens ist im Lied vorgegeben.

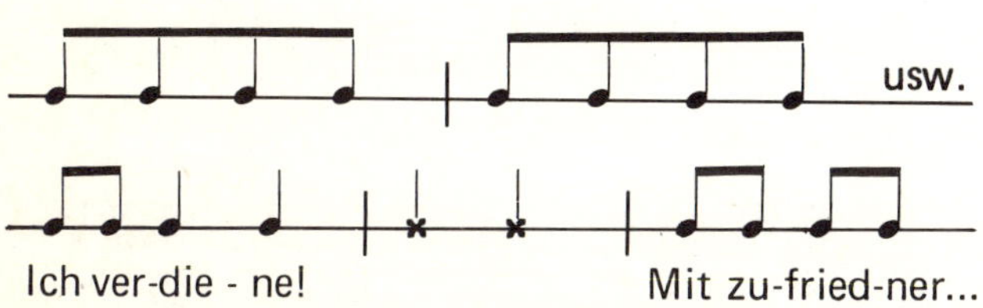

Den Rhythmus des Patschens, der den Regen darstellt, verstärken die Kinder mit Schlagstäben, Bambusrassel, Kastenrassel und Kugelrassel.
In der Pause setzen wir die Holzblocktrommel ein.

5. Lösungsphase

Freie Gestaltung des Sonnenscheins

L: Am Anfang unseres Gedichtes wird vom Sonnenschein erzählt. Den Sonnenschein versuchen wir mit einigen Instrumenten darzustellen. Wir verwenden dazu Triangel, Zimbel, Glockenspiel und Sopran-Metallophon.

Ziel dieser Improvisation ist die Darstellung der Wärme, der Sonnenstrahlen, des Angenehmen.

Bei den verschiedenen Versuchen der Kinder müssen wir immer wieder darüber sprechen, ob das Gespielte dem Sonnenschein entspricht.

Das Klangbild des Sonnenscheins muß Ruhe ausstrahlen, also sind schnelle Tonbewegungen zu vermeiden.

Als Abschluß dieser Unterrichtseinheit setzen wir vor das gesprochene und mit Schlaginstrumenten begleitete Gedicht die Improvisation des Sonnenscheins.

Beispiel einer möglichen Improvisation:

Tante Trude Trippelstein

Text: Lea Smulders. Übersetzung aus dem Holländischen: James Krüss. Rhythmisierung: Hermann Handerer. Aus: Hermann Handerer u. a. „Mein Musikbuch 1/2", © Rudolf Oldenbourg Verlag, München

Literaturverzeichnis

Handerer, Hermann, u. a. (Hrsg.): Mein Musikbuch 1./2. Jahrgangsstufe. Rudolf Oldenbourg Verlag, München, 1. Auflage 1976.
Carl Orff, Orff-Schulwerk, Band I., Schott Verlag, Mainz 1950
Rockel, Liselotte: Das Liedernest. Für die Vorschule und das erste und zweite Grundschuljahr. Fidula Verlag, Boppard/Rhein, 1971.
Rockel, Liselotte: Das zweite Liedernest. Für 3–8jährige Kinder. Fidula Verlag, Boppard/Rhein, 1979.
Rüdiger, Adolf: Stimmbildung im Schulchor. Handbuch für den Chorleiter. Musikverlag Helbling, Innsbruck, 1982.